이장노 가죽공예 작품집

이장노

강원도 고성에서 자라서 1979년도에 에스콰이어 산업연수에 입사하였으며 기능을 익힌 뒤엔 1983년도에 가죽공예 디딤손을 설립하여 현재까지 운영 중이며 2003년 도에 일본피혁산업을 연수하여 2017년도 부터 안산평생학습관 안산예총, 안산문화 예술과 행정복지관에서 강의 중에 있으며 가죽공예 수강생분들과 갤러리에 10회 이 상 전시하였으며 가죽공예를 예술화 작업에 힘쓰고 노력하고 있습니다.

약력

- 현) 가죽공예 디딤손(1978~현)
- 현) 행정복지관 강사
- 현) 문화 예술과 강사
- 현) 한국예총 강사
- 전) 평생학습관 강사(2017년~2023년)
- 가죽공예 갤러리 개인전 10회
- 가죽공예 연합전시회 10회

LEE. JANG. NO

이장노
가죽공예 작품집

2023~2024

좋은땅

카드지갑

가로 15 세로 11 폭 1

단면 접어 넘김이 방식으로 작업한 명함을 소량 넣을 수 있는 작품이다.

명함지갑

가로 15 세로 11 폭 2

단면을 ㄷ 자로 봉합한 작품이다.

장지갑

가로 21 세로 10 폭 1

단면을 ㄷ자로 봉합한 작품이다.

손가방 1

가로 21 세로 20 폭 4

네잎클로버를 상상하며 만든 작품이다.

손가방 2

가로 29 세로 19 폭 1

단면 넘김이와 자크 넘김이로 작업한 작품이다.

기쁨

가로 28 세로 28 폭 1

흐뭇한 사람의 모습을 추상적으로 표현한 작품이다.

손가방 3

가로 14 세로 16 폭 16

앙증맞음을 표현한 작품이다.

어깨끈 가방 1

가로 33 세로 24 폭 10

투톤 컬러 작업을 한 작품이다.

작은 손가방 1

가로 23 세로 14 폭 4

접어 넘김이 작업으로 테두리가 깔끔한 작품이다.

작은 손가방 2

가로 22 세로 18 폭 7

단면 접어 넘김이 작업 방법으로 투톤 컬러를 낸 작품이다.

허름 1

가로 24 세로 19 폭 10

빈티지스러움을 표현한 작품이다.

어깨끈 가방 2

가로 30 세로 19 폭 7

밑부분 접음질한 단아한 작품이다.

어깨끈 가방 3

가로 27 세로 15 폭 7

체크무늬의 혼란스러운 마음을 표현한 작품이다.

오각형 손가방

가로 26 세로 18 폭 4

오각형 형태의 접어 넘김이 작품이다.

눈동자

가로 26 세로 23 폭 10

눈동자를 연상케 하는 작품이다.

빨간 맑음

가로 25 세로 18 폭 10

아픈 마음을 기리며 만든 작품이다.

작은 손가방 3

가로 25 세로 17 폭 8

단면 ㄷ자 봉합 작업으로 투톤 컬러를 나타낸 작품이다.

사각선 가방

가로 29 세로 21 폭 6

접음 연결식 작품이다.

손가방 4

가로 25 세로 19 폭 6

청춘을 표현한 세무가죽 손가방 세트 작품이다.

정직

가로 33 세로 26 폭 5

정사각 끈을 격자로 엮어 만든 작품이다.

중형 가방

가로 28 세로 20 폭 8

가방의 본판과 손잡이를 상반된 색상으로 표현한 작품이다.

원형 가방

가로 28 세로 34 폭 7

돌고 도는 고난의 마음을 표현한 작품이다.

둥근 가방

지름 19 세로 30

정성이 묻어나는 고급스런 원형 가방 작품이다.

작은 손가방 4

가로 20 세로 20 폭 5

정사각형 넘김이식 독특한 작품이다.

사랑

가로 20 세로 23 폭 7

하트 형식의 깜찍한 모형을 표현한 작품이다.

작은 손가방 5

가로 26 세로 22 폭 9

손 가는 대로 투톤 컬러를 내고 수지판 작업을 한 작품이다.

하루

가로 33 세로 24 폭 3

하루가 피곤함을 표현한 작품이다.

둥근 마음

가로 32 세로 36 폭 1

너그러운 마음일 때를 표현한 작품이다.

붉은 구름

가로 34 세로 23 폭 10

불타는 마음을 표현한 작품이다.

노랑 마음

가로 35 세로 25 폭 9

사람의 또 다른 모습을 표현한 작품이다.

푸른

가로 27 세로 22 폭 8

푸른 하늘이 보기 힘듦을 표현한 작품이다.

손가방 5

가로 23 세로 20 폭 6

단면을 접어 넘김이 작업한 작품이다.

삼각형 가방

가로 35 세로 23 폭 8

먼 산을 바라보며 희망을 작품 속에 담고 싶은 마음을 표현한 작품이다.

창문 속

가로 35 세로 24 폭 9

큰 집을 짓는다면 모든 이들과 같이 살고픈 맘을 표현한 작품이다.

창살 무늬

가로 29 세로 20 폭 7

겹겹이 이은 고뇌를 표현한 작품이다.

조각

가로 34 세로 26 폭 11

슬픈 마음이 겹겹이 쌓였을 때를 표현한 작품이다.

송치와 만남

가로 24 세로 24 폭 7

포근한 마음을 선물함을 표현한 작품이다.

어깨끈 가방 4

가로 29 세로 29 폭 14

세무가죽과 소가죽의 배색 맞춤을 표현한 작품이다.

엮음

가로 35 세로 24 폭 10

미세한 가죽끈의 연결의 섬세한 마음을 표현한 작품이다.

장인 손

가로 30 세로 22 폭 9

작품에 정성을 담아 장인이 되고픈 마음을 표현한 작품이다.

보석

가로 30 세로 22 폭 8

보석을 다듬듯이 정성과 섬세함으로 만든 작품이다.

날개

가로 30 세로 20 폭 7

사람에게 날개가 있다면을 추상적으로 표현한 작품이다.

손가방 6

가로 21 세로 14 폭 8

접어 넘김이식 작업으로 에나멜가죽으로 고급스럽게 표현한 작품이다.

허름 2

가로 30 세로 26 폭 8

단면을 X자 봉함으로 허름하게 표현한 작품이다.

남자의 무게

가로 34 세로 26 폭 7

수많은 일들이 가득하게 담길 남자의 무게를 표현한 작품이다.

보랏빛

가로 35 세로 26 폭 8

황혼의 발걸음을 표현한 작품이다.

볼륨

가로 22 세로 17 폭 7

소심한 마음이 가득함을 표현한 작품이다.

주머니

가로 30 세로 20 폭 30

———————

지친 마음을 담는 주머니를 표현한 작품이다.

볼록이

가로 32 세로 34 폭 6

날고 싶은 속마음을 드러낸 작품이다.

한결

가로 28 세로 23 폭 9

한결같은 마음을 정교하고 정성을 담은 작품이다.

푸른 물결

가로 60 세로 50

———

누구에게나 청춘은 있다.

정열

가로 60 세로 50

열심히 살아가는 현대인의 열정.

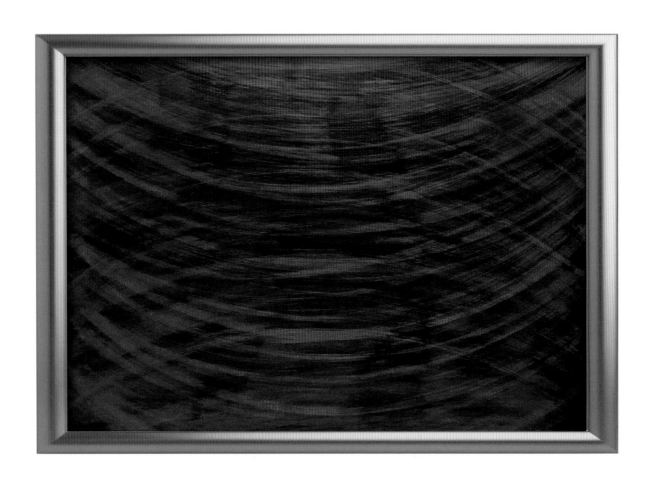

노을 물결

가로 60 세로 50

저녁노을이 물결 위에 노니는 모습.

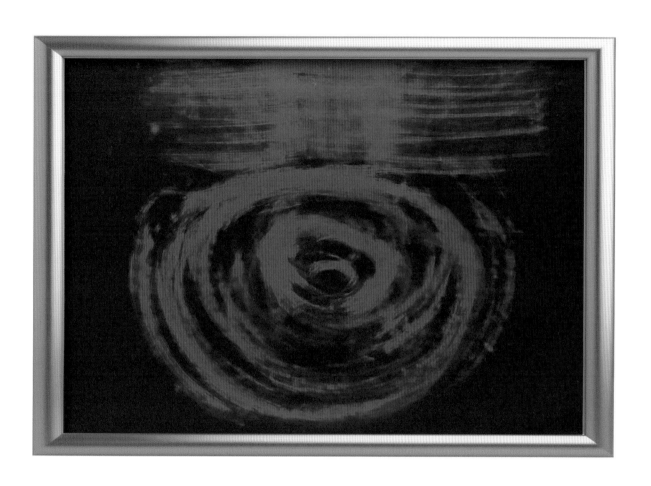

눈 속엔

가로 60 세로 50

언제나 기쁘지만 않는 눈.

저 깊은 속엔

가로 60 세로 50

미래의 먼 속엔 무엇이 다가올지.

악의 침략

가로 60 세로 50

꿈들을 파괴하는 악들의 침략.

인생

가로 60 세로 50

돌고 돌아가는 삶.

청춘의 합창

가로 60 세로 50

청춘들의 힘찬 기상.

이장노 가죽공예 작품집

ⓒ 이장노, 2025

초판 1쇄 발행 2025년 1월 3일

지은이   이장노
펴낸이   이기봉
편집   좋은땅 편집팀
펴낸곳   도서출판 좋은땅
주소   서울특별시 마포구 양화로12길 26 지월드빌딩 (서교동 395-7)
전화   02)374-8616~7
팩스   02)374-8614
이메일   gworldbook@naver.com
홈페이지   www.g-world.co.kr

ISBN   979-11-388-3820-7 (03630)